Unsere Superpower ist diese:
LERNEN, immerzu und alles Mögliche!

DIE AUTORIN - Marion Mohnhaupt, geb. 1969, ist zertifizierte Integrative Lerntherapeutin. Sie ist auf Zahlen, Rechnen und Mathe erlernen spezialisiert und bietet dazu Lernberatung, Lerncoaching und integrative Lerntherapie an.

Ihr besonderes Anliegen ist es, Mathelernen in ein rechtes, modernes Licht zu rücken. Inspiriert haben sie die im Buch genannten Forscher und Autoren, für deren Arbeit sie unermesslich dankbar ist. Als Schulmutter und Lerntherapeutin hat sie zu oft erlebt, dass viele Matheprobleme nicht sein müssten und Mathelernen viel öfter gelingen könnte. Mehr dazu auf Ihrer Website www.ja-klar-mathe.de.

© 2022 Marion Mohnhaupt - 2. Auflage

Gestaltung: Matti Mohnhaupt, Damaris Wiebe, Fotos: Pixabay, Crello

Druck und Distribution im Auftrag der Autorin:
tredition GmbH, Halenreie 40-44, 22359 Hamburg, Deutschland

ISBN Hardcover 978-3-347-59793-8 / Paperback 978-3-347-59792-1 /
eBook 978-3-347-59794-5

Gehirne lieben Training,
denn sie wollen gut wachsen!

Für alle Kinder!

Denn in jedem Kind steckt
ein kleiner Mathematiker.

Und die brauchen wir!

- Marion Mohnhaupt -

Tinas AHA!

MATHE lernen geht!
Lass dein GEHIRN mal machen!

Dieses Buch will dir etwas verraten ...

Hast du schon einmal gedacht, dass Mathe zu schwierig für dich ist? Dass dir das sagenumwobene „Mathetalent" einfach fehlt? Hast du dich schon einmal gefragt, wer und vor allem was ein geheimnisvoller „Zahlenmensch" ist? Sagst du vielleicht: „Mathe kann ich einfach nicht."?

Warum denken wir so über uns? Ist das nicht sogar etwas krass? Viel zu oft sagen wir zu uns selbst solche hinderlichen und wenig sinnvollen Dinge, wenn wir auf Hindernisse stoßen oder Schwierigkeiten haben. Das ist ein Stück weit ganz normal, denn bei Schwierigkeiten fühlt man sich oft nicht gut, und sie können auch recht belastend sein. Es gibt allerdings gute Gründe dafür, über freundlichere und bessere Möglichkeiten nachzudenken ...

Denn stell dir vor, das muss gar nicht so sein, wie du denkst oder gehört hast. Stell dir vor, Mathe lernen hängt eben nicht an so etwas wie „Zahlenmensch", und „Mathetalent" ist ein alter Mythos, den Wissenschaftler längst als falschen Glauben entlarvt haben. Kannst du dir das vorstellen? Nun, es lohnt sich, sich das vorzustellen, denn so ist es tatsächlich! Wir wissen heute, dass Mathe in den aller-allermeisten Fällen eine Frage des guten, hartnäckigen Lernens mit hilfreicher Begleitung ist!

Natürlich hat jeder Schüler persönliche Vorlieben und nicht jeder wird Mathe aus Spaß auch in der Freizeit und im späteren Beruf angehen wollen. Aber Mathe lernen können viel mehr Schüler viel besser, als es heute der Fall ist und als manch einer denkt.

Mathe hat so ein spezielles Image. Leider ist es viel zu oft nicht gut und erst recht nicht richtig. Das ist schade! Das Gerede vom Zahlenmensch und die Talentgedanken dazu behindern unser Lernen, ohne dass wir es merken. Es macht uns schwach, unsicher, lustlos, und das ist nicht fair. An der einen oder anderen Stelle bräuchte man einfach mehr Zuversicht, Zuspruch, Zeit oder auch passendere Hilfe als bisher. Denn das stärkt Neugier, Ausdauer und Fortschritte beim Mathelernen!

Jetzt hast du bereits einiges erfahren. Lies nun aufmerksam weiter und erfahre mehr über das Mathelernen. Und dann – ganz wichtig – beobachte in der nächsten Zeit einmal deine Mathegedanken und dein Mathelernen mit offenem und positivem Herz und Verstand!

Ich wünsche Dir viel Spaß und
viel AHA mit Tina!

INHALTE

TEIL 1

Tinas AHA!
– eine auch wahre Geschichte

TEIL 2

Wissen über das Mathelernen und
über unser Gehirn

Unser Gehirn liebt lustige, interessante
und hilfreiche Aha Momente!

TEIL I
Tinas AHA! – eine auch wahre Geschichte

Tina sitzt an ihrem gemütlichen Schreibtisch. Sie hat ihre Arme aufgestützt und sitzt da mit hängenden Schultern. Ihr Blick ist müde, auch traurig und etwas angespannt.

„Mathe ist so doof. Ich kann das einfach nicht!"

An diesen Aufgaben sitzt Tina heute schon eine ganze Weile, wie schon gestern. Mama sagt, sie solle es doch immer mal wieder ausprobieren, ruhig nachlesen, neugierig experimentieren und sich gut konzentrieren. Aber Tina ist genervt und verzweifelt: „Ach, es macht einfach keinen Sinn. Ich habe kein Mathetalent. Die anderen der Klasse sind immer schneller."

Mama nimmt Tina in den Arm und trompetet: „Pluuuuumpa-quatsch!" Zum Glück weiß Tina schon, was Mama jetzt denkt: „Ja, manchmal ist es anstrengend, ja, manchmal sehr anstrengend und ja, manchmal geht es gar nicht weiter. Aber immer geht es irgendwann irgendwie weiter, man muss nur am Ball bleiben! Ran an den Speck!"

Und zum Glück wiederholt Mama das alles jetzt nicht wieder und erfreut Tina stattdessen mit: „Los, Pause, jetzt essen wir erst einmal."

Beim Kochen gucken sie immer gern zusammen auf die alten Fotos an der Wand und lachen über die schönen Erinnerungen. Heute bleibt Tinas Blick an einem Foto ihrer ersten Geh-versuche hängen. „Ach wie süß, da habe ich Laufen gelernt. Erinnern kann ich mich nicht mehr, aber das war bestimmt schwierig."

„Ja, das war aufregend! Und für dich bestimmt wahnsinnig anstrengend. Du wolltest es unbedingt schaffen und hast nicht aufgegeben. Immer wieder bist du aufgestanden und oft zurück auf den Po geplumpst. Und trotzdem bist du am Ball geblieben und hast immer wieder ausprobiert, wie du diese große Aufgabe schaffen kannst! Dann hast du deine ersten Schritte geschafft und dich riesig gefreut. Das hat dich angespornt, es weiter zu versuchen." Tina muss dabei an ihre Übungen für Mathe denken ...

Am Nachmittag freut sie sich auf ihr Schwimmtraining; sie gibt alles. Ihr Trainer Patrick ruft ihr zu: „Tina, toll, deine Bewegungen sind viel besser geworden, du liegst ja super im Wasser!" Tina ist sehr stolz, denn sie hat ihre Bewegungen und Haltung in den vergangenen Stunden <u>immer wieder geübt</u> und dabei auch ihre Arme gestärkt.

„Dein Training trägt nun Früchte, du hast genug Kraft und Ausdauer entwickelt. Ich wusste, du würdest das bald schaffen!", sagt Patrick. Wieder muss Tina an ihre Übungen für Mathe denken ...

Nach dem Schwimmunterricht fühlt sich Tina wie immer herrlich erfrischt und hat einen Bärenhunger. Der Trainings-erfolg heute hat ihr nach all den Anstrengungen der vergang-enen Wochen besonders gutgetan. Sie freut sich schon, Mama und Papa davon zu erzählen. Huch, da kommt Papa ihr ja schon entgegen! Er holt sie immer vom Schwimmen ab, und normaler-weise muss sie dann etwas auf ihn warten. Hat sie heute länger gebraucht? War sie so tief in Gedanken über ihr Lernen ver-sunken? Papa grinst und nimmt sie in die Arme ...

„Na, mein Tintin ... Konntest dich heute wohl nicht trennen von deiner großen Badewanne?!" Oh ja, nun weiß sie, heute ist es wohl er gewesen, der kurz auf sie gewartet hatte. Aber das ist okay. Auf dem kurzen Weg nach Hause erinnern sie sich lachend an die frühere Wasserscheu der kleinen Tina – oder Tintin, wie Papa sie immer nannte – und nennen sie nun „fischige Freude im Wasser". Als sie nach Hause kommen, ist zum Glück der Essenstisch schon gedeckt, und ihr Lieblingskäse ist dabei!

Beim Abendessen erzählt Tina Mama und Papa endlich und ganz aufgeregt von ihrem heutigen Schwimmerfolg. Ihr ganzer Körper fühlt sich dabei so warm und stark an und voller Energie. Sie fühlt sich wie ein Berg, wie eine Bärin, wie ein Wild- pferd, wie eine Königin. „Ach", denkt und fühlt sie, „ich kann alles schaffen!"

Wieder flackert die Erinnerung an Mathe auf ...

Tina ist so sehr im Redefluss, dass sie weiter davon erzählt, wie schwierig manches noch vor Wochen war und wie sie manchmal richtig sauer auf den Trainer und selbst unsicher war, ob sie überhaupt gut genug sei. Sie hat sehr an sich gezweifelt und dachte manchmal, sie könne es einfach nicht besser.

Hier hakte Papa lächelnd ein, denn er erinnerte sich an solche Gedanken und Gefühle. Ihm war es früher natürlich oft ähnlich ergangen.

„Und weißt du, was deine Oma dann immer sagte?" Nein, Tina weiß gar nicht was er jetzt gerade meinte. Aber sie freute sich schon darauf, Oma bald wiederzusehen und mit ihr wieder im Park zu spielen.

Papa erzählt: „Also, deine Oma pfiff dann immer kurz, trällerte ihre Weisheit: ‚Mit Geduld und Spucke fängt man jede Mucke!', und pfiff die Melodie zu Ende." Ah ja, das hatte Tina schon beinahe vergessen.

Mit Geduld und Spucke fängt man jede Mucke!

Papa guckt jetzt wie ein unternehmungslustiger kleiner Junge, und Tina kann das sehr gut verstehen. Da bekommt man richtig Lust, sich anzustrengen. Beim Schwimmen hat sie in letzter Zeit auch „Geduld und Spucke" gezeigt, sie ist hartnäckig am Ball geblieben trotz Wut und Zweifel. Sie hat sich mächtig angestrengt und jede Möglichkeit ausprobiert und geübt, um ihren Weg zu erobern.

„Wahnsinn, wie toll sich das anfühlt und wie toll das Lernen ist", denkt sie, „Lernen ist wie eine Superpower!" Manchmal denkt man nur nicht daran oder weiß es einfach noch nicht.

Wieder flackern Erinnerungen an Mathe durch ihren Kopf ... „Geduld und Spucke", denkt sie noch kurz, dann freut sie sich aber auf Papas Gute-Nacht- Geschichte.

Am nächsten Tag nach der Schule hüpft sie bald schon rüber zu Jule, ihrer Nachbarin. Sie übt Radschlag auf dem Rasen und ruft: „Tina, guck dir das mal an!"

„Wow, wie machst du das nur? Du bist echt ein Naturtalent." Jule grinst sehr glücklich. „Talent, papperlapapp, in der Schule war ich eigentlich die Schlechteste im Turnen. Das hat mich genervt, und ich habe mir vorgenommen, das zu schaffen. Ich habe die ganze Zeit immer wieder geübt. Schau, jetzt dreht und streckt sich mein Körper wie von allein. Auch den Armen macht es gar nichts mehr aus." Sie zeigt ihren Armmuskel.

„Toll, total super! Du warst frustriert, und alles war doof und schwierig für dich, aber du hast hartnäckig probiert und geübt, bis du es geschafft hast. Da haben dein Körper und dein Kopf ganz schön geackert!"

„Oh ja, genau! Es dauerte, aber irgendwann war es dann weniger anstrengend und machte sogar Spaß."

Mama sagt immer und bei allem: ‚Übung macht den Meister‘, und das stimmt! Und Opa sagte, ich hätte da einen Schatz in mir gefunden! Das ist soooo schön."

Tina staunt und muss wieder kurz an ihre Matheübungen denken … Geduld, Spucke, Übung, Meister … „Kann ich auch in Mathe geduldig und mit Spucke trainieren? Kann mein Gehirn auch wachsen wie ein Muskel? Kann es zum Meister werden?"

Als sie zurück nach Hause kommt, hört Tina ihre Mutter Klavier spielen. Dieses Stück liebt Tina so sehr. Sie erinnert sich auch gut daran, dass Mama es zuerst besonders schwierig fand. Sie musste Melodie und Noten zuerst genau verstehen, bei diesem Stück fand sie das sehr anstrengend. Sie begann, jede Hand einzeln einzuüben, zuerst ganz langsam, dann schneller, bis sie sich freute: „Nun verstehe ich es und fühle, wie ich langsam sicherer werde, bis in meine Hände und Fingerspitzen."

Tina dachte über all das Lernen nach … selbst denken, ausprobieren, fragen, erinnern, fühlen, wiederholen, stärken, anstrengen, überlegen und Hilfe suchen: All das schoss ihr wie ein Feuerwerk durch den Kopf … „Geduld und Spucke", lachte sie, „und manchmal braucht man richtig viel davon."

Tina denkt weiter. Gerade gab es so viel Neues im Unterricht, in Sachkunde und auch in Englisch. <u>Wie funktioniert das Lernen denn eigentlich?</u> Sie versucht, sich zu erinnern. Zuerst werden neue Themen und Worte vorgestellt und erklärt. Dann wiederholen sie diese in der Klasse, sprechen und schreiben darüber und nutzen die Inhalte und Worte so oft wie möglich, manchmal auch beim Malen und Basteln. Und bei den Hausaufgaben beschäftigt sie sich wieder mit den Themen und Worten in Aufgaben, Rätseln oder Geschichten. Und dabei versteht und erinnert sie sich <u>immer ein bisschen mehr</u>, und irgendwie kommt das dann in den Kopf.

Manchmal ist es auch sehr schwierig, dann ist zum Beispiel eine Aufgabe oder ein Wort irgendwie komisch, und Tina kann sich das einfach nicht merken. Dann hilft Mama ihr mit einer ganz anderen Idee, mit einer Erinnerung, einem lustigen Gedanken dazu oder einfach nur mit Wiederholen, Wiederholen,

Wiederholen – im Auto, im Garten oder sogar in der Badewanne. Sie hat die eine oder andere Aufgabe auch schon mit ihrer Freundin besprochen und geübt. Das hat beiden wirklich geholfen.

Durch gute Übungen, Fragen, Wiederholungen und verschiedene Versuche macht es dann irgendwann Klick, und Tina kann wieder ein bisschen mehr. Sie hat dann regelrecht ein Bild davon im Kopf. Ja, Lernen braucht Zeit und manchmal unterschiedliche Versuche. Wenn man etwas nicht sofort kann oder dabei denkt: ‚Mist, immer noch nicht‘, dann heißt das noch gar nichts. ‚Am Ball bleiben! Ran an den Speck!‘, sagt Mama ja so oft, und Tina schmunzelt. Nach dem Abendessen setzt sich Tina an ihren Tisch und reibt ihre Hände. Sie atmet tief ein und nimmt wieder ihr Matheheft, als wäre es eine alte, etwas schwierige Freundin.

„Nun ran an den Speck, ich werde in Mathe nicht aufgeben. Wie war die Aufgabe noch? Worum geht es hier überhaupt?" Tina überlegt, sie liest noch einmal die Seite aus dem Unterricht. Sie hat Ideen, erinnert sich, probiert aus und erzählt es Mama mit ihren eigenen Worten. Jawohl, sie möchte ihrem Gehirn die Chance geben, die es verdient hat. Es kann vielleicht noch nicht so schnell mit der Aufgabe umgehen, aber jetzt hilft sie ihm erst einmal, diese Aufgabe zu verstehen, zu sehen, zu denken und auszuprobieren. Tina möchte ihr Gehirn auch trainieren und zum Wachsen bringen. Sie versucht es einfach noch mal und auch etwas anders: Sie macht Zeichnungen zur Aufgabe und zu ihren Ideen und nimmt einfach einige hilfreiche Materialien dazu.

Und tatsächlich: Langsam entwickelt sich etwas. Langsam fühlt es sich anders an, oder ihre Ideen passen zusammen. Langsam geht es wirklich besser, es wird klarer und leichter. Sie ist sehr aufgeregt und freut sich riesig. Wahnsinn, sie hat einen weiteren Schritt geschafft!

„Endlich, jippieh! Puh, jetzt war ich aber ganz schön versunken in die Arbeit. Ich wollte es gar nicht mehr lassen, denn ich wollte sehen, wo es hakt und wie es gehen kann." Es hat ihr sehr geholfen, zur Aufgabe zu zeichnen und sie zu beschreiben.

Sie hat sogar ein gutes Beispiel im Gespräch mit Mama gefunden.

„Wie gut, dass Mama, Papa und meine Lehrer <u>so an mich glauben</u>. Sie kennen mich und geben mir zur richtigen Zeit gute Ideen an die Hand zum Üben und Nachdenken. Sie machen mir auch oft Mut. Das hilft! Denn, auch wenn es mal anstrengend ist und nicht sofort klappt: So kann ich es angehen, ausprobieren und üben! Und das ist das Beste: Alle meine <u>Fehler helfen</u> mir irgendwie! Durch sie verstehe ich immer ein bisschen mehr. Krass, ich kann lernen, was ich will! Manches Mal brauche ich vielleicht mehr Hilfe, die wir dann finden. Und mit Geduld und Spucke geht es dann irgendwie, irgendwann besser, leichter und … und … ja, zum <u>nächsten Level</u>!" Dabei muss sie lachen.

Tina springt ins Bett und fühlt sich königlich. Mama und Papa kommen Gute Nacht sagen. Sie freuen sich beide mit ihr, Papa ganz besonders, denn er ist heute auch einen Schritt weitergekommen mit einer schwierigen Aufgabe auf der Arbeit. Ein tolles Gefühl!

„Ja", denkt Tina, bevor sie schlummert, „mein Gehirn ist nicht einfach nur da und speichert Erinnerungen und Wissen ab, sondern ich lebe, lerne und arbeite auch mit meinem Gehirn.

Es macht alles mit und wächst dabei, um alle möglichen Aufgaben und Aktionen immer besser zu beherrschen!"

Teil 2
Wissen über das Mathelernen und über unser Gehirn

Geht es dir auch manchmal so, wie es Tina erging? Konntest du ihren Frust gut mitfühlen, weil es dir vielleicht schon einmal ähnlich gegangen ist? Und weißt du auch, wie anstrengend etwas sein kann, wie sich Anstrengung für dich anfühlt? Gilt das auch für AHAs, konntest du mitfühlen, wie Tina ihren Erfolg genoss? Sicherlich kannst du, genauso wie alle Menschen, jung und alt, Mädchen und Jungen, mindestens eine ähnliche Geschichte von Höhen und Tiefen beim Lernen erzählen!

Nun, das Beste an Tinas Geschichte ist: Sie entführt dich ein bisschen in die Welt der Lern- und Hirnforschung. Hast du davon schon einmal etwas gehört? Hier arbeiten eine Menge Wissenschaftler an vielen Universitäten und Instituten auf der ganzen Welt daran, besser zu verstehen, wie wir Menschen lernen oder – besser – wie unser Gehirn lernt.

Diese Hirn- und Lernforscher haben in den vergangenen Jahren sehr Wichtiges herausgefunden. Das musst du unbedingt wissen! Dazu ist dieses Buch für dich da. Und ehrlich: Es ist sogar so wichtig, dass alle davon wissen müssen – Schüler, Lehrer und Eltern! Lies also die nächsten Seiten über dein lernendes Gehirn besonders aufmerksam und sei bereit, allen davon zu erzählen!

❖ 1 Unser Gehirn lernt alles und immer

Unser Gehirn wiegt rund 1,5 Kilo, so viel wie ein Kaninchen, und ist sehr beeindruckend. Es macht nie Pause, arbeitet rund um die Uhr und lernt dabei natürlicherweise bei allem, was wir tun. Das heißt, DU lernst bei allem, was DU tust. Lernen passiert also natürlich NICHT nur in der Schule.

Forscher haben erst vor einigen Jahren festgestellt: Unser <u>Gehirn ist ‚plastisch‘</u>. Was bedeutet das genau? Früher dachte man, das Gehirn wächst bis zum jungen Erwachsenenalter und ist dann sozusagen ‚fertig‘. Aber nein, dein Gehirn ist von Anfang an und ein Leben lang plastisch. Mit anderen Worten: Dein Gehirn ist in jedem Moment <u>aktiv, passt sich an</u>, wächst, verändert und entwickelt sich. Forscher haben das alles herausgefunden mithilfe moderner Technologien. Mit denen können sie genau beobachten, was in unserem Gehirn passiert, während wir lesen, basteln, Mathe machen, Erfolge oder Misserfolge haben, fröhlich, ruhig oder ängstlich sind oder schlafen.

Während du etwas tust, ausprobierst, übst, besprichst oder beobachtest, ist dein Gehirn immer dabei, es arbeitet mit. Das Geheimnis sind seine sogenannten <u>Neuronen</u>. Von diesen Nervenzellen leben mehrere Milliarden allein im Gehirn und viele weitere im ganzen Körper. Bei allem, was du tust, sind die jeweils zuständigen Neuronen im Gehirn aktiviert, das heißt, sie feuern elektrische Impulse. Diese werden als <u>Signale</u> an andere Neuronen weitergeleitet und schließlich auch an Organe und Muskeln, je nachdem was gerade gebraucht wird.

Heutzutage können wir mit modernen Technologien sehen, welche Neuronen wie stark feuern - also elektrische Impulse aussenden - und wie mitwirkende Gehirnbereiche dabei stärker durchblutet werden. Es geht in deinem Kopf also richtig zur Sache. Und je mehr das der Fall ist, desto mehr entwickelt sich dein Gehirn und passt sich an die jeweilige Situation an.

<u>Benutzte, aktivierte Neuronen werden stärker, verbinden und verzweigen sich</u>, Nachbarneuronen werden auch aktiviert und gestärkt, und letztlich wächst unser ganzes Gehirn. Stark, regelmäßig oder oft aktivierte Bereiche werden zu neuronalen „Autobahnen" ausgebaut, weniger aktivierte Gehirnbereiche bleiben schwach oder werden sogar schrittweise noch schwächer. Manfred Spitzer, ein bekannter Hirnforscher, vergleicht den Ausbau des neuronalen Netzes in unserem Gehirn mit „Spuren im Schnee": Gehst du eine Strecke einmal, dann bleiben dort wenige Spuren zurück, die auch schnell wieder verschwinden können. Aber je öfter du diese Strecke gehst, desto eher wird die Spur im  Schnee zu einem deutlichen, hilfreichen und verlässlichen Weg.

„Übung macht den Meister" ist also sehr, sehr richtig. Je öfter du etwas angehst, je ausdauernder du am Ball bleibst, je aktiver du selbst dabei bist (also probierst, überlegst, fragst, beschreibst, zeichnest und vorschlägst) umso mehr trainierst du dein Gehirn und regst es dazu an, seine Zellen und Verbindungen weiterzuentwickeln und auszubauen. Und mit mehr oder mit stärkeren Verbindungen im Gehirn wachsen deine Fähigkeiten, Kenntnisse und Möglichkeiten. So funktioniert das Lernen.

Das klingt prima, richtig? Also, sei stolz auf dein wundervolles Gehirn! Und übrigens: Es mag am liebsten Lernen durch Tun – learning by doing. Es kann gut lernen, wenn du selbst aktiv bist, etwas nachmachen und ausprobieren und dabei Wissen und Fähigkeiten nutzen kannst. Lass dein Gehirn also warmlaufen und mach dir klar, worum es gerade geht. Schau dir die Inhalte und Aufgaben genau an, überlege, was du schon gesehen beziehungsweise gehört hast oder schon weißt. Mach es nach, lass es dir vormachen, mach es gemeinsam, lies oder frag nach und probiere selbst. Also werde Schritt für Schritt selbst aktiv, dann ist dein Gehirn auch bereit und kann prima loslegen. Und übrigens: Es ist schlau, um Hilfe zu bitten, wenn es nötig ist!

❖ 2 Selbstbild, Einstellung und Lernen

Zum guten Lernen gehören eine gute Einstellung und gute Gefühle. Es geht sogar so weit, dass unsere Einstellungen und Gefühle unsere Aufmerksamkeit, unser Verhalten, unsere Kreativität, unsere Fähigkeiten und Erfolge bestimmen.

Daher raten uns Hirn- und Lernexperten: „Hab stärkende Gedanken über dein Lernen!" Ich sage das gern so: „Erkenne deine <u>Lernkraft</u>, sei bereit!".

Dazu habe ich während meiner Arbeit mit Matheschülern gern dieses Wort erfunden: ‚Sei <u>lernklar!</u>', also startklar zum Mathelernen, neugierig, offen, einsatzbereit und vertraue dir und deinem Gehirn. Und dann sage ich noch zu Eltern: „Erinnert euch, Glaube versetzt Berge. Seid also Mathe-Fürsprecher aus ganzem Herzen und erkennt den nächsten Lernschritt!" Denn …

"Man kann viel, wenn man sich nur recht viel zutraut." (Wilhelm von Humboldt)

Oder besser:

"Das habe ich noch nie vorher versucht, also bin ich völlig sicher, dass ich es schaffe." (Pippi Langstrumpf)

Natürlich gilt das für alle möglichen Themen, aber <u>es spielt in Mathe eine ganz besondere Rolle</u>. Mathelernen leidet nämlich unter dem falschen Talentmythos in unseren Köpfen. Dieser Talentmythos behauptet, dass man entweder ein Mathetalent hat oder eben nicht. Die Hirnforschung hat aber herausgefunden, dass diese Vorstellung schlichtweg falsch ist: <u>Es gibt kein Mathetalent, das bestimmt</u>, ob man Mathe lernen kann oder nicht! Wir wissen heute außerdem, dass diese Denkweise sogar Unsicherheit und Angst verursacht. Steckt dieser Talentmythos in den Köpfen, so behindert er gutes Lernen und Erfolg, denn Unsicherheit oder Angst lässt das Gehirn erstarren. Es funktioniert dann einfach nicht so gut. Gerald Hüther, ein weiterer beeindruckender Hirnforscher, hat gesagt: „Angst lähmt."

Zwei Forscherinnen haben sich genauer angeschaut, wie unser Lernen beeinflusst wird: die Psychologin Carol Dweck und die Mathepädagogin Jo Boaler von der Stanford University in Amerika. Und jetzt lies besonders aufmerksam, denn letztlich geht es darum:

"Egal, ob du denkst du kannst es oder du kannst es nicht, du wirst Recht haben!" (Henry Ford)

Jeder von uns hat eine Einstellung zu sich selbst und dem

eigenen Lernen, hat also <u>ein Selbstbild von sich selbst als Lernender</u>. Es bildet sich im Lauf unserer Lebensjahre und ist uns oft nicht bewusst. Carol Dweck hat herausgefunden, dass jeder entweder eher ein „festes Selbstbild" oder eher ein „offenes Selbstbild" hat. Jo Boaler hat das beim Mathelernen untersucht und dabei Wichtiges herausgefunden.

Das <u>feste Selbstbild</u> beim Mathelernen zeigt sich so:

☆ Man ist überzeugt vom angeborenen Mathetalent, das heißt, man denkt, man kann Mathe oder eben nicht.
☆ Man denkt, es ist nicht möglich, mathematische Fähigkeiten zu entwickeln. Man kann, muss und wird also nicht aktiv.
☆ Man vermeidet schwierige Aufgaben, denn dabei gibt es nicht zu lernen.

Dieses feste Selbstbild hat diese Folgen, wie die beiden Frauen nachweisen konnten: Wenn Schüler so „fest" über das Mathelernen denken, dann handeln sie leider genauso. Sie sind wie „fest"-gefahren, zurückhaltender bis ängstlicher, weniger motiviert und engagiert als sonst und blockieren damit leider ihr eigenes Lernen. So können sie aber dann nicht so gut lernen und daher auch nicht gut weiterkommen. Das kennen wir doch alle gut: Wenn wir zweifeln, hängen unsere Schultern herab und wir haben keine Lust mehr. Aber soll ein solches Selbstbild unser Mathelernen jahrelang oder sogar ein Leben lang beeinflussen? Soll es so sein, wenn es gar nicht so sein muss?

Es lohnt sich umzudenken. Ein **offenes Selbstbild** erkennt man daran:

☆ Man weiß, dass das Gehirn wächst und man Mathe gut lernen kann mit Einsatz, Ausdauer und Hilfe.
☆ Man arbeitet aktiv an den Inhalten, hat ein klares Ziel vor Augen, ist hartnäckig und engagiert.
☆ Man wagt Neues, gibt nicht auf und arbeitet auch bei Schwierigkeiten weiter.
☆ Man sieht Misserfolge, Fehler und knifflige Aufgaben als Chancen, weiterzulernen und zu wachsen.

Frau Dweck und Frau Boaler haben herausgefunden, dass Schüler mit einem „offenes Selbstbild" schließlich besser Mathe lernen. In ihren Studien zeigen sie, dass Schüler ihr Mathe-Selbstbild hin zu einem „offenes Selbstbild" verändern konnten und dann einen sichtbar größeren Lernsprung schafften. Sie haben sich regelrecht selbst weitergebracht und sich von blockierenden Zweifeln befreit.

Leider machen hierbei auch Erwachsene NOCH(!) Fehler, wie in diesem besonderen Beispiel:

Maryam Mirzakhani war die erste Frau, die die Fields-Medaille erhielt. Das ist die höchste Auszeichnung in Mathe, vergleichbar mit dem bekannten Nobelpreis. Da war sie 37 Jahre alt. Als junge Schülerin aber musste sie von einer Lehrkraft hören, dass sie angeblich kein Mathetalent habe. Zum Glück blieb sie am Ball und ließ sich davon nicht beeinflussen!

Also: Du darfst für dich und gemeinsam mit deinen Eltern abspeichern, dass du <u>Mathe mit deinem tollen Gehirn natürlich gut lernen</u> kannst. „Mit Geduld und Spucke" eben! Das eine oder andere Mal klappt etwas vielleicht NOCH(!) nicht, aber „Übung macht den Meister!" Denke daran, jede Aufgabe formt dein Gehirn, und ein offenes Selbstbild hilft.

Du darfst dich auf deine ganz <u>persönliche Schatzsuche</u> begeben und entdecken, was alles so in dir schlummert. Bilde und pflege eine Einstellung wie: „Ja klar, das schaffe ich!", oder „Yes, I can!", und sag Bescheid, wenn du Hilfe brauchst, das ist schlau!

❖ 3 Worte haben Macht!

Wie zu Beginn bereits überlegt, lautet die Frage: Warum sprechen wir manchmal tatsächlich etwas krass zu uns selbst? Es ist in der Lernforschung längst bekannt, dass <u>Sprache eine große Rolle beim Lernen</u> spielt. So wie du über dein Lernen und Mathe sprichst, welche Worte du wählst und auch was du oft zu hören bekommst, das macht viel für deinen Lernweg aus. Und das gilt natürlich für ausgesprochene Worte genauso wie für die mit <u>„innerer Stimme"</u> gesprochenen Worte!

Stelle dir ein kleines Kind vor, das Laufen lernt oder später Rad fahren lernt. Stelle dir vor, das Kind hört recht bald und ganz oft nur noch: „Oje, das ist so schwer." – „Pass auf, das ist schwer." – „Fall bloß nicht hin." – „Ich habe das auch ganz schwer gelernt und hatte gar keine Lust mehr." Wie fühlt sich das Kind wohl? Mit welchem Gefühl wird es üben und lernen? ... Komisch, weißt du, was? Wenn ein Kind laufen oder Rad fahren lernt, wenn das anstrengend und schwierig ist, dann redet niemand so.

Eine hilfreiche Sprache geht Hand in Hand mit dem Selbstbild: Offene, sinnstiftende, zuversichtliche, <u>stärkende Worte beflügeln dein Lernen</u>!

Schau dir das Bild einmal an und überlege, wie mächtig hier allein das Wörtchen „NOCH" ist. Es ist wirklich so: Schon kleine

Worte und auch kleine Veränderungen deiner Worte machen sehr viel aus. Dein Gehirn achtet ganz genau darauf, was gesagt wird! Es möchte hören, dass keine Gefahr droht, dass du ok bist und dein Weg in Ordnung ist, dass es eine machbare Richtung gibt, und vor allem möchte es hören, was denn wünschenswert ist.

Oft sind wir so sehr daran gewöhnt zu sprechen, wie wir sprechen, dass wir auf unsere Worte nur wenig achten. Es lohnt sich aber, einmal **genau darauf zu achten**, was du so zu dir sagst oder was du so zu hören bekommst, wenn es um dein Mathelernen geht.

Schreib das doch einmal gemeinsam mit deinen Eltern auf. Dann überlegt gemeinsam, was davon eigentlich guttut und was nicht. Alles, was nicht guttut oder nicht hilfreich ist, dürft ihr ab sofort einfach gern weglassen oder radikal austauschen.

Überlegt euch, was ihr stattdessen sagen wollt. Natürlich etwas, das passt und richtig ist. Etwas das viel <u>sinnvoller und hilfreicher</u> ist. Auf dem Bild gibt es ein paar Ideen dazu:

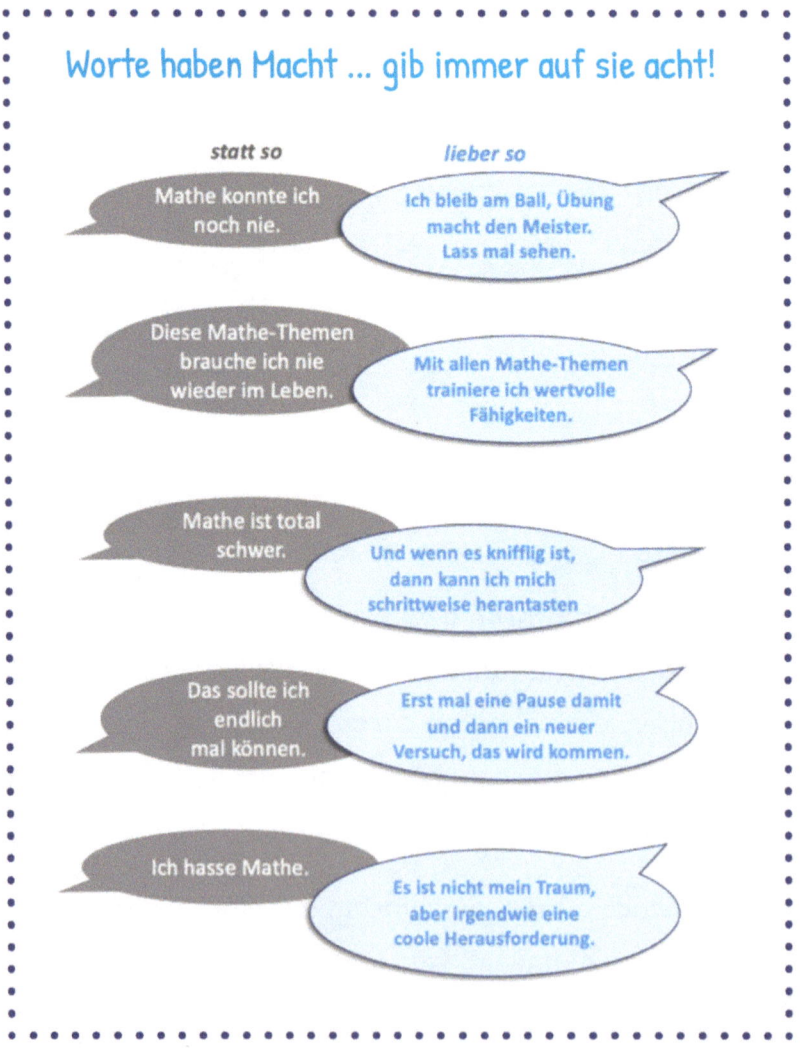

❖ 4 Wundervolle Mathe statt schnell, schnell

In Mathe geht es um gute <u>Ideen</u>, es geht darum, interessante <u>Muster</u> und <u>Zusammenhänge</u> in der Natur, im Leben oder eben „auf Arbeitsblättern" zu erkennen. Und dann geht es auch darum, diese Muster und Zusammenhänge zu beschreiben, zu nutzen und auszuprobieren.

Mathe ist überall in unserer Welt und zeigt uns außerdem eine ganz eigene Welt. Viele Themen der Mathematik haben wir Menschen erst in den vergang-enen paar Tausend Jahren heraus-gefunden und so vereinbart, wie du es heute kennenlernen

kannst. Vieles ist aber auch noch gar nicht geklärt, gelöst oder „fertig". <u>Mathematiker aller Länder</u> arbeiten noch immer an vielen Fragen – an alten und neuen, theoretischen und praktischen Fragen. Wir versuchen, unser Klima besser zu verstehen, und möchten zum Mars fliegen, Computer und

Roboter werden gebaut und erfunden, Kosten und Preise wollen gut verstanden werden, Gebäude sollen sicher gebaut werden, der Straßenverkehr soll gut geleitet werden, Ansteckungsraten und Risiken bei Krankheiten sollen früh erkannt werden. <u>Mathe ist sehr spannend und lebenswichtig!</u>

Lernst du Mathe in der Grundschule, dann ist das der Beginn einer vielseitigen und wichtigen Reise: Du lernst von Zahlen und kuriosen Zahlenmustern (zum Beispiel die Fibonacci Zahlen), von Formen und von Formen bestehend aus Formen (zum Beispiel Vierecke aus Dreiecken) sowie von möglichen Rechenwegen, um Zahlen wie Bausteine zu zerlegen und zusammenzusetzen. Das verdient schon großes Staunen!

Das ist purer Lernspaß! Ja, eigentlich, aber … Leider gibt es in manchen Klassenzimmern immer noch allzu oft zeitlichen Stress, vor allem bei Tests, Arbeiten, Abfragen zum Rechnen, dem 1x1-Pauken. Dabei geht es in der wirklichen Mathematik aber gar nicht um Schnelligkeit.

Laurent Schwartz, ein großer und berühmter Mathematiker aus Frankreich, hat dies sehr schön beschrieben. Er erhielt für seine Arbeit die höchste Medaille der Mathematik: die Fields-Medaille. Offenbar hat er vieles bestens ausprobiert, gelernt, erarbeitet, verbessert und verstanden! Lies, was er über sich und sein Lernen schreibt:

„...Ich war immer sehr unsicher und dachte, ich sei nur wenig intelligent. Ich war eher langsam und brauche Zeit, um Dinge zu erfassen, weil ich alles genau verstehen muss und möchte. Gegen Ende der elften Klasse, dachte ich von mir selbst, ich sei einfach dumm. Lange Zeit machte ich mir darum Sorgen. Heute weiß ich, Schnelligkeit ist nicht so wichtig in Mathe. Wichtig ist es, Ideen sowie ihre Beziehungen zueinander tief zu verstehen. Hierin liegt Intelligenz. Ob du dabei schnell bist oder mehr Zeit brauchst, ist nicht relevant."
(Laurent Schwartz)

In Mathe gibt es so viel zu entdecken. Es lohnt sich also nicht, möglichst schnell zu sein und viel Gas zu geben. Wir sollten lieber <u>genau hinschauen und verstehen</u>. So gesehen, ist Mathe doch wie alle anderen Schulfächer. Und so wie du bei ihnen gut ausprobieren, überlegen und lernen kannst, so kannst du es auch Schritt für Schritt in Mathe. Das sind deine Kraftquellen, deine <u>Lernkräfte</u>.

Manchmal ist eine Matheaufgabe vielleicht NOCH(!) schwierig, aber du lernst Schritt für Schritt, und es zeigen sich erste Erfolge. Auch wenn die ersten Erfolge vielleicht NOCH(!) klein sind, sind sie dennoch schon viel wert! Mit jedem kleinen Schritt bist du auf dem richtigen Weg, und jeden Tag ein kleiner Schritt bringt dich schließlich sehr weit!

Deine natürliche Neugier, deine Erinnerungen wie: „Das habe ich auch schon geschafft", dein Lernwille, deine Ausdauer und Hartnäckigkeit dürfen dir Ruhe und Kraft geben. Lass sie wirken, lass dich nicht stressen, und los geht's ins Mathe-Abenteuer. Finde deinen Weg! Und klar: Es gibt immer Hilfe, wenn sie nötig ist. Sag einfach Bescheid!

❖ 5 Fehler sind Freunde!

Diese Redewendung „Fehler sind Freunde" kennst du ja bestimmt schon. Aber trägst du diese Idee wirklich im Herzen? Hast du dich schon einmal über den einen oder anderen Fehler gefreut? Oder darüber, wenn etwas anstrengend war? Wohl eher nicht so oft, oder? Oder vielleicht doch das eine oder andere Mal?

Der Grundschüler Richard erzählte mir, dass seine Mathelehrerin ihm einmal <u>ein ganz besonderes Dankeschön für seinen Fehler</u> beim Rechnen an der Tafel ausgesprochen hatte. Sie sagte, genau das bräuchte sie jetzt, und das würde allen helfen. Genau dieser <u>interessante Fehler</u> würde sehr oft passieren, und jetzt könnten alle gemeinsam von Richard lernen. Richard war darüber sehr stolz, mit Recht!

Also: Wir alle können und sollten gemeinsam daran arbeiten, uns öfter über Fehler zu freuen, denn klar: Fehler und Niederlagen gehören einfach zum guten Lernen dazu. Fehler sind normal, und mehr noch: Sie sind immens wichtig! Fehler machen aufmerksam und vertiefen dein genaues Verständnis. Sie zeigen dir deinen Lernweg.

Wissenschaftler haben herausgefunden, dass unser Gehirn gerade bei Fehlern, Niederlagen und Anstrengungen <u>auf Hochtouren</u> arbeitet und dann besonders intensiv lernen kann.

Und das gilt in jedem Fall, wenn du es schon ganz gut schaffst und auch wenn du es NOCH(!) nicht so gut schaffst.

Mit jeder Aufgabe und jeder Übung trainierst und stärkst du dein Gehirn! Und irgendwann hat es genug Stärke aufgebaut beziehungsweise Verbindungen entwickelt, um seine **Fähigkeiten zu zeigen**. Erinnere dich an den Vergleich des Hirnforschers mit den Spuren im Schnee und an „Übung macht den Meister!". So ist es mit unserem Gehirn, es wächst mit dem Arbeiten. Natürlich braucht es dazu auch gute Hilfe und manchmal vielleicht auch etwas mehr davon.

Aber, zurück zu Dir: Wie kannst du also gut mit Fehlern umgehen? Wenn du Fehler als Lernchance sehen möchtest, dann so: „Ja, von diesem Fehler kann ich lernen. Was habe ich denn hier gemacht? Was kann ich also nächstes Mal anders machen? Wer oder was könnte mir gut weiterhelfen? Dieser Fehler ist ein Schritt auf meinem Weg zum Erfolg." So wie auch der berühmte amerikanische Basketballer Michael Jordan sagte:

„Ich habe über 9000 Würfe verfehlt und fast 300 Spiele verloren. 26-mal wurde mir der spielentscheidende Wurf anvertraut und ich habe ihn nicht getroffen. Ich habe immer und immer wieder versagt und genau daran weitergearbeitet. Deshalb bin ich erfolgreich."

Vielleicht klingt das für dich ganz normal, vielleicht aber auch nicht. Manchmal braucht es etwas Zeit, bis sich dein Gehirn an die Idee „Fehler sind super Freunde" gewöhnt.

Es ist möglich, dass du mit Fehlern eher unangenehme Erfahrungen gemacht hast. Das kann jedem von uns passieren. Unser Gehirn speichert so etwas dann automatisch als Gefahr ab. In ähnlichen Situationen erinnert es sich dann blitzschnell daran und du reagierst automatisch mehr oder weniger ängstlich. Es ist die Amygdala im Gehirn, die in diesem Moment „Achtung" feuert und den Körper auf Gefahr einstellt. Die Amygdala ist ein winziger Teil des Gehirns, der Gefühle bemerkt und steuert, allen voran Ängste. Sie lässt das Herz schneller schlagen und Hände schwitzen und steuert so

körperliche Signale, die uns „Achtung!" sagen und schützen wollen. Legt die Amygdala damit einmal los, dann ist nicht viel Denken und Lernen möglich. Die Amygdala lähmt nämlich in diesen Momenten dein Gehirn.

Es kann auch sein, dass deine Amygdala schon bei dem bloßen Gedanken an den Matheunterricht oder an Zahlen mit ihrem „Achtung!" losfeuert. Das hat dann sicher auch gute persönliche Gründe. Versuche, diese Gründe genau zu sehen, denn sie sind wichtig und erzählen dir eine Geschichte. Kennst du diese Geschichte gut, dann kannst du dich um sie kümmern. Dabei kannst du für dich bessere Wege bestimmen: Du kannst deine Gründe und ihre Geschichte umsorgen und hilfreicher für dich klingen lassen.

Es ist ja nicht so hilfreich und sinnvoll, dass deine Amygdala in Mathe einen solchen Alarm schlägt. Du kannst deiner Amygdala gut helfen, wieder „lockerer zu werden". Dein Gehirn braucht dazu die Erfahrung: „Mathe ist nicht gefährlich", einige klärende und beruhigende Vorstellungen oder Atemübungen und etwas Zeit. Dabei lernt deine Amygdala um: Mathe oder Zahlen sind nicht bedrohlich, und sie muss nicht Alarm schlagen. Das kann sie einüben, und so gewöhnt sich dein Gehirn an neue Wege – manchmal recht bald und manchmal dauert es etwas länger.

Dazu ein kleines Beispiel: Manchmal glauben wir, jemand ist verärgert über unsere Antwort oder Arbeit, wenn wir zum Beispiel bei ihr eine krause Stirn, ernste Augen oder ein Kopfschütteln sehen. Achte einmal darauf und sobald du das bei dir bemerkst, dann atme tief bis vier ein und langsam tief bis sechs aus und denke Folgendes: „Das denke ich jetzt zwar, aber wahrscheinlich war es ja gar nicht so gemeint." Stelle dir dabei die Person vor. Vielleicht schaut sie auch etwas verärgert. Also stellst du dir auch vor, dass sie im Laufe des

Tages etwas Doofes erlebt hat. Ihr verärgerter Blick hat also nichts mit dir zu tun und muss dich nicht belasten. Denke zum Abschluss noch "Ich arbeite ja mit und gebe mein Bestes, das ist gut genug." Diese Übung ist sehr hilfreich für dich, denn sie erlaubt deinem Gehirn, zu entspannen, keine Bedrohung zu sehen und einfach gut weiterzulernen. Außerdem wirken hilfreiche Gespräche Wunder.

❖ 6 Ja klar, Mathe!

Mathe ist ein schönes Abenteuer für dein Gehirn, denn viele Bereiche deines Gehirns <u>dürfen beim mathematischen Denken mitmachen</u> und zusammenarbeiten. Du findest jeden Tag tolle Beispiele für <u>**Mathe in deinem Leben**</u>. Hier einige Beispiele aus den zahlreichen Momenten, die wir früher oder später in unserem Leben erlernen:

☆ Beim Tischdecken zählst du Geschirr und Besteck passend ab und sortierst alles entsprechend den Plätzen.

☆ Beim Backen und Kochen misst du Mengen ab, verdoppelst oder halbierst Rezepte.

☆ Im Garten verteilst du Pflanzen gleichmäßig auf eine Fläche im Beet oder zerteilst Äste in passende Längen.

☆ Die Häuser in der Straße zeigen dir Vierecke, Dreiecke, Quadrate und sogar Kreise. Sie haben oft auch Symmetrien.

☆ Du setzt Bausteine zu neuen prächtigen Formen zusammen oder erfindest herrliche Muster.

☆ Du überlegst, von deinem Taschengeld einzukaufen, und du vergleichst Preise und Mengen oder Größen.

☆ Du weißt, wie lange du noch bis zur vereinbarten Uhrzeit spielen kannst, und genauso weißt du, wie viele Tage bis Weihnachten verbleiben.

☆ Du verteilst gerecht Bonbons an Freunde und in einer Projektarbeit Aufgaben auf die Mitschüler.

Überall ist wunder-
volle Mathe!

Und noch besser: Das ist erst der Anfang, denn später in deinem Leben kommen noch andere Beispiele hinzu. Dazu gehören Geldanlagen und Zinsen, Fahrtstrecken und Reisedauern, Konditionen für Handyverträge und andere Angebote sowie beeindruckende Zusammenhänge in der Welt der Zahlen und Formen. Und wer kennt heute schon seinen beruflichen Weg?

In jedem Beruf steckt etwas Eigenes aus der Welt der Mathematik, von praktischen Anwendungen bis hin zu wundervollen Inspirationen. Die Mathematik unserer Welt ist pures Abenteuer und Training für dein lebenslang wachsendes Gehirn! Und du hast <u>deinen Schlüssel zu dieser Welt</u>! Und du weißt ja: Gute Fragen bringen dich weiter, und es gibt immer Hilfe ...

Na, das war ja vielleicht eine <u>Entdeckungsreise</u>! Wahrscheinlich waren das ganz schön viele eindrucksvolle Neuigkeiten. Vielleicht liest du und lest ihr ja alles einfach noch einmal?! Das Wichtigste ist: Behalte diese AHAs im Kopf und im Herzen, entdecke dein Mathelernen jeden Tag neu, probiere aus, staune und lache. Nimm dir die Zeit, die du brauchst, und nutze deine <u>stärkenden Gedanken</u>, deine <u>Lernkraft</u> und gute <u>Helferlein</u>, um dein Mathelernen zu erobern.

Ja klar, Mathe! Das wünsche ich dir und euch! Viel Spaß beim Entdecken und Lernen, beim Erklimmen des immer nächsten Levels und beim Trainieren deiner Superpower des Lernens! Und wenn du und deine Eltern es mögen, dann schreibt ihr mir einfach mal von deinen nächsten Schritten beim Mathelernen nach der Lektüre dieses Buchs: kontakt@ja-klar-mathe.de. Ich würde mich sehr freuen, denn deine Geschichte wäre für mich ein wichtiger Teil einer hoffentlich großen Veränderung hin zu besserem Mathelernen.

❖ 7 Für Mama und Papa! (auch für Lehrkräfte!)

Eine großartige Gelegenheit: Sie als Eltern (oder als Lehrkraft) sind sehr wichtige Lernbegleiter und können ein noch viel wichtigeres Vorbild sein, wenn Sie Ihr Kind (Ihre Schüler) in Mathe mit Neugier, Offenheit und Zuversicht begleiten. Gemeinsames Entdecken und Knobeln sowie 1+1-/1x1-Spiele können viel Spaß machen, wenn kreative Wege gesucht werden und kein Druck herrscht. Sie dürfen Ihrem Kind gern Mut machen, beim Lernen klare Fragen zu formulieren und damit auf die Lehrkraft zuzugehen. Der Matheunterricht lebt von Rückfragen und gemeinsamen Überlegungen. Machen Sie Ihrem Kind auch Mut, indem Sie es hilfreich loben: Blicken Sie auf seinen Lernweg und damit auf die Anstrengungsbereitschaft, auf die Konzentration, auf das Durchhaltevermögen, auf den Mut zu kleinen Schritten, auf gute Fragen und Ideen, auf eigene Lernwege und auf Frustrationstoleranz. Loben Sie genau das alles, dann stärken Sie wertvolle Kräfte für das Mathelernen und für das Leben.

Sollte es bei den Matheaufgaben zu Hause eher NOCH(!) mühsam sein, ist es wertvoll, bei Ihrem Kind genau zu beobachten, wo es hakt:

o Wie versteht Ihr Kind die Aufgabenstellung, die Zahlen, die Stellenwerte, die Operationen oder die Darstellungen?

o Was denkt Ihr Kind dazu (lassen Sie es sein Denken beschreiben und soweit machbar mit Material legen)?

o Welches Mathewissen ist für Ihr Kind NOCH(!) unsicher?

o In welchen Fällen zählt Ihr Kind, statt zu rechnen?

o Was macht Ihr Kind nervös?

o Wobei passieren Ihrem Kind Fehler?

o Und vor allem: Wie spricht Ihr Kind über das Mathelernen?

Hindernisse sind ein normaler Teil des mathematischen Lernens und werden durch anregende Lernprozesse und Engagement überwunden. Im Falle längerer Schwierigkeiten an der einen oder anderen Stelle hilft es, möglichst früh das Gespräch mit der Lehrkraft zu suchen. So kann Ihr Kind beidseitig beobachtet und aufeinander abgestimmt begleitet werden. Ein gut gemeinter, schneller Tipp oder gar Trick von zu Hause kann beim frühen Mathelernen leider auch verwirren. Es ist besser, das methodische Vorgehen des Matheunterrichts zu begleiten.

In dem einen oder anderen Fall fällt mancher Umgang mit Zahlen vielleicht NOCH(!) besonders schwer. Das muss man sich dann frühzeitig genauer anschauen und sich dabei natürlich mit Kopf und Herz an die Seite des Kindes stellen. Das Wichtigste bleibt, mit viel Zuversicht und Verständnis genau zu erkennen, wo das mathematische Wissen und Verstehen Ihres Kindes zu diesem Zeitpunkt steht beziehungsweise wann es begann, schwierig zu werden. Dort ist anzuknüpfen und in individuellen Schritten die Entwicklung fachkundig zu fördern.

Es wird heute zu früh und zu oft von „Rechenschwäche", „Rechenstörung" beziehungsweise „Dyskalkulie" gesprochen. Das sind mächtige Titel, die einfach gesagt, aber gar nicht leicht verstanden werden. Ich erlebe zu oft, dass sie verunsichern und zu gut am Selbstbild haften. Wir sollten sie mit gesunder Vorsicht angehen, denn sie entfalten in uns und unseren Schülern schnell eine negative Wirkung. Im Schulsystem sind diese Titel je nach Bundesland ein büro-kratisches Ticket für wichtige Lernhilfen und Förderung. Aber sie dürfen nicht oberflächlich für ein lernendes Kind genutzt werden. Es macht Sinn, hier im Sinne Ihres Kindes ganz besonders auf die Sprache zu achten: „Im Moment ist sie/ er NOCH(!) schwächer mit diesen Aufgaben. Daran arbeiten wir jetzt, und dann geht's weiter!", statt: „Dyskalkulie-Kind". Die Lerngemeinschaft spielt hier eine tragende und fürsorgliche Rolle. Worte haben Macht!

Junge Schüler stehen noch am Anfang ihres Lernweges. Sie sollten unbelastet und individuell erfolgreich lernen dürfen und brauchen dazu zur rechten Zeit hilfreiche Lehrer, sinnvolle Erfahrungen, liebevollen Zuspruch und Zeit. In Mathe sind Hindernisse beim Lernen ganz normal und ein wichtiger Teil der Mathematik. Jedes Kind muss sich die mathematischen

Grundlagen förmlich erarbeiten. Die Einsichten, das Wissen und die Fähigkeiten dazu sind nicht von sich aus klar und selbstverständlich. Oder können Sie in ein paar Wochen zackig zehn übersichtliche chinesische Schriftzeichnen erkennen und nachschreiben, das ABC rückwärts oder in 3er-Schritten aufsagen, im 7er-System rechnen und statt mit Zahlen mal eben mit Buchstaben berechnen, was C+M ergibt?

Daher bitte Vorsicht mit schnellen Zweifeln, Sorgen, Bedenken, Urteilen, Etiketten und Diagnosen. Wir wollen liebevoll beobachten und zuversichtlich helfen, begleiten und fördern im Sinne Maria Montessoris „Hilf mir es selbst zu tun!".

Lesen Sie dazu gern nochmals TOP2 über die Erkenntnisse zu Lerneinstellung, Selbstbild und ihren Einfluss auf erfolgreiches Lernen sowie TOP3 über die Macht der Worte.

Es ist wichtig zu wissen, dass heutige Testprogramme für besondere Schwierigkeiten im Rechnen

o noch nicht wissenschaftlich einheitlich und ausgereift sind.
o mit der fundierten S3-Richtlinie zur Rechenstörung geprüft und bewertet wurden (Link in den Quellen).
o nicht automatisch mögliche andere Ursachen für die bestehenden Schwierigkeiten abklären, z.B. auditive und visuelle Beeinträchtigungen des Kindes, mangelhafte Beschulung (nicht fachlich ausgebildete oder häufig

wechselnde Mathe-Lehrkräfte, häufige Stundenausfälle), längere Abwesenheit oder auch manifestierter Ängste (Mathe-Angst, Schulphobie).

o einen diagnostischen Wert ergeben, der die mathematische Leistung des getesteten Kindes im Vergleich zu altersüblichen Leistungen markiert. Natürlich hat aber jedes Kind seine eigene Geschichte des Mathelernens vor und in der Schule. Die Testung kann das kaum berücksichtigen und sagt oft nicht zur Genüge aus, warum das Ergebnis eigentlich so ist, wie es ist.

o niemals etwas darüber aussagen können, was das Kind letztlich mit guter Hilfe in Mathe lernen und erreichen kann.

Studien belegen: Eine frühzeitige Förderung ist wirksam und hilft, Schwierigkeiten in Mathe abzufedern bis auszugleichen und Mathe in der Schule wieder gut lernen zu können. Beginnt die Förderung frühzeitig, vor oder alsbald nach der Einschulung, so können sekundäre Schwierigkeiten, zum Beispiel Ängste und Selbstzweifel, vermieden werden. Hierbei geht es darum, die Entwicklung „mathematischer Vorläuferfertigkeiten" sowie mathematischer Grundvorstellungen und Fähigkeiten abzusichern: „Mengen- und Zahlvorstellung", „Verständnis der Stellenwerte" sowie „Operationsverständnis". Manchmal ist eine Verknüpfung mit Förderung im Bereich Sprache, Sensomotorik, Raumorientierung, Aufmerksamkeits- oder Impulssteuerung oder Ähnliches wichtig.

Bei besonderen Schwierigkeiten gibt es diverse Möglichkeiten, die Lernsituation besser zu verstehen und individuell gezielt zu fördern. Vor dem Hintergrund differenzierten Unterrichts und innerschulischer Förderungsmöglichkeiten sind Schulen für die Bildung ihrer Schüler verantwortlich. Oft helfen entsprechende Gespräche und systematische Vereinbarungen zur weiteren Lernentwicklung des Kindes mit der Mathe- und Förderlehrkraft sowie mit der Klassen- oder Schulleitung. Sollte weiterer Gesprächsbedarf bestehen, können die Beratungsstellen der Schulämter, die Landesverbände des BVL (Bundesverband für Legasthenie und Dyskalkulie) bzw. Lerntherapeuten weiterhelfen. Eltern tun gut daran, diese Gespräche mit Zuversicht und Gelassenheit zu begleiten. Auch wenn der Weg leider manchmal steinig sein kann, so darf sich das Kind den Schuh nicht persönlich anziehen, denn es liegt nicht an ihm, sondern an „diesem unserem System". Ein Kind soll lernen können, und dazu sind Wege zu finden!

In dieser Situation ist ‚Übung macht den Meister!' unbedingt richtig zu verstehen. Das Kind benötigt spätestens jetzt individuell sinnvolle und anregend begleitete Übungen. Nur mittels solch hilfreicher Übungen kann es die überfälligen, wichtigen Erfahrungen machen und seine Einsichten und

Fertigkeiten entwickeln. „Blindes Üben" hingegen lässt das Kind weiterhin feststecken im Unverständnis, in ineffektiven Lösungswegen und in überfordernden Fragestellungen. Dies ist ein frustrierender und lähmender Teufelskreis.

Im Rahmen einer integrativen Lerntherapie wird ein Kind ganzheitlich begleitet. Wissen relevanter Disziplinen wird integriert (Pädagogik, Psychologie, Kindesentwicklung, Medizin) und das Lernumfeld des Kindes wird involviert (neben Eltern auch Schule, Ärzte und Therapeuten). Ergebnisse der Anamnese zeigen, wo die individuelle, lösungsorientierte Lerntherapie ansetzen muss. In regelmäßigen Sitzungen darf das Kind kleine Lernerfolge feiern und behutsame Herausforderungen erobern. Es darf sich als erfolgreichen Lernenden bzw. kleinen Mathematiker erleben, Grundkompetenzen stärken und den Anschluss herstellen. Eine Lerntherapie ist ein individuelles und umfassend förderndes Entwicklungs- und Lernprogramm (nicht vergleichbar mit zum Beispiel einer schulstoffnahen Nachhilfe). Ausführlichere Informationen bietet der FiL (Fachverband für integrative Lerntherapie) auf seiner Homepage.

QUELLEN & ZUM WEITERLESEN

Kinderbücher

- Enzensberger, Hans Magnus: Der Zahlenteufel. Ein Kopfkissenbuch für alle, die Angst vor der Mathematik haben. Hanser, 1997
- Hüther, Gerald: Gehirnforschung für Kinder – Felix und Feline entdecken das Gehirn. Kösel-Verlag, 2009
- Katie, Byron: Tiger-Tiger ist es wahr? Vier Fragen, die dich wieder lächeln lassen. Palaysia, 2017
- Milbourne, Anna: Wie viel ist eine Million? Usborne Verlag, 2019
- Wille, Annika Meike: Ein Dreieck, ein Viereck, ein Fünfeck, was nun? rittel-verlag, 2018

Fachlektüre

- Boaler, Jo: Das neue Lernen: Sechs Strategien für nachhaltigen Lernerfolg. HarperCollins, 2021
- Boaler, Jo: Mathematical Mindsets: Unleashing student's potential through creative math. Jossey-Bass, 2015
- Breuninger, Helga: Lerntherapeutische Haltung und Interventionen, www.helga-breuninger-stiftung.de/wp-content/uploads/FiLprojekt LerntherapeutischeHaltung.pdf, 28.2.21
- Croos-Müller, Claudia: Nur Mut! Soforthilfe bei Herzklopfen, Angst, Panik & Co. Kösel, 2012
- Dweck, Carol: Selbstbild : Wie unser Denken Erfolge oder Niederlagen bewirkt. Piper, 2017
- Gaidoschik, Michael: Einmaleins verstehen, vernetzen, merken. Klett 2014. Recheninstitut zur Förderung mathematischen Denkens, www.recheninstitut.at, 18.2.21

o Kabat-Zinn, Jon: Mit Kindern wachsen. Arbor, 2015

o Luculano, Teresa, et al: Cognitive tutoring induces widespread neuro-plasticity and remediates brain function in children with mathematical learning disabilities, https://doi.org/10.1038/ncomms9453. 22.2.21

o MaxPlanckSociety: Plastizität - wie das Gehirn lernt, https://youtu.be/EGKTH60rvoU, 22.2.21

o Mit Kindern lernen: Kinder motivieren. www.mit-kindern-lernen.ch/lernen-kinder/motivieren/110-motivation-1-loben, 22.2.21

o Mohnhaupt, Marion: Mathe-Angst und Rechenstörung vorbeugen: „Zwei mal drei macht vier, widdewiddewitt ...", lacht Pippi, aber Einmaleins ist oft gar nicht lustig!, www.betzold.de/blog/einmaleins-lernen/, 3.2.22

o Montessori, Maria: Kinder richtig motivieren. Herder spektrum, 2000

o Projekte des Deutschen Zentrum für Lehrerbildung Mathematik, https://pikas.dzlm.de und https://mahiko.dzlm.de, 3.2.22

o S3-Leitlinie: Diagnostik und Behandlung der Rechenstörung. www.awmf.org/uploads/tx_szleitlinien/028-046l_S3_Rechenstörung-2018-03_1.pdf. 3.2.22

o Schmidt, Nicola: Growth Mindset: Scheitern ist der wichtigste Schritt zum Erfolg. https://bildungsthemen.phorms.de/de/top-themen/growth-mindset/growth-mind set-scheitern-ist-der-wichtigste-schritt-zum-erfolg/

o Spitzer, Manfred: Lernen – Gehirnforschung und die Schule des Lebens. Spektrum, 2006

o Wittmann, Erich: Mathe 2000, fundiertes Grundlagenwerk. www.mathe2000.de/, 18.2.21

o Verbände

  - FiL Fachverband für integrative Lerntherapie e.V.

  - BVL Bundesverband Legasthenie & Dyskalkulie e.V.

  - BLT Berufsverband für Lerntherapeut:innen e.V.

Die enthaltenen Links auf Webseiten Dritter führen zu Inhalten, für die ich als Autorin nicht hafte. Sie sind nicht Teil meines Angebots, sondern verweisen lediglich auf deren Inhalte zum Zeitpunkt der Einsichtnahme.

Ich habe die Inhalte dieses Buches sorgfältig erwogen und geprüft. Es ist eine Kindergeschichte mit therapeutischem Hintergrund und fachlichen Informationen. Sie bietet keinen Ersatz für kompetenten persönlichen Rat. Jeder Leser ist für den Umgang mit der Geschichte selbst verantwortlich. Eine Haftung für Fehler und daraus resultierende Folgen ist ausgeschlossen.

"Wir haben immer wieder

die Größe des Kosmos unterschätzt,

und ebenso die Kraft unseres menschlichen Verstandes."

(Max Tegmark)

MIX

Papier | Fördert
gute Waldnutzung

FSC® C083411

Zeitfracht Medien GmbH
Ferdinand-Jühlke-Straße 7
99095 Erfurt, Deutschland
produktsicherheit@kolibri360.de